# BEI GRIN MACHT SICH IHR WISSEN BEZAHLT

# Effektives 2er-Split-Training für Fortgeschrittene. Fokus auf Grundübungen und freie Gewichte

Aleksander Zukow

**Bibliografische Information der Deutschen Nationalbibliothek:**

Die Deutsche Nationalbibliothek verzeichnet diese Publikation in der Deutschen Nationalbibliografie; detaillierte bibliografische Daten sind im Internet über http://dnb.d-nb.de abrufbar.

ISBN: 9783346982476
Dieses Buch ist auch als E-Book erhältlich.

Druck und Bindung: Books on Demand GmbH, Norderstedt Germany
Gedruckt auf säurefreiem Papier aus verantwortungsvollen Quellen

Das vorliegende Werk wurde sorgfältig erarbeitet. Dennoch übernehmen Autoren und Verlag für die Richtigkeit von Angaben, Hinweisen, Links und Ratschlägen sowie eventuelle Druckfehler keine Haftung.

Das Buch bei GRIN: https://www.grin.com/document/1431362

Deutsche Hochschule für

Prävention und Gesundheitsmanagement

Hermann Neuberger Sportschule 3

66123 Saarbrücken

# Einsendeaufgabe

| | |
|---|---|
| **Fachmodul:** | Trainingslehre I |
| **Studiengang:** | Sportökonomie (Bachelor of Arts) |
| **Datum** | |
| **Präsenzphase** | **21.06.2021 – 24.06.2021** |
| | |
| **Name, Vorname:** | Zukow, Aleksander |
| **Studienort:** | **Stuttgart** |
| **Semester:** | **Wintersemester 2020** |

# Inhaltsverzeichnis

# 1    Diagnose

## 1.1    Allgemeine und biometrische Daten

Tabelle 1: Allgemeine und biometrische Daten der Person

| Parameter | Angabe der Person | Bewertung |
|---|---|---|
| Alter: | 20 Jahre | |
| Geschlecht: | Männlich | |
| Körpergröße: | 187 cm | |
| Körpergewicht: | 86,2 kg | |
| Trainingsmotive: | Ästhetisches Körperbild schaffen (breite(r) Beine, Schultern und Rücken; Körperdefinition), Kraftzuwachs bei Grundübungen | |
| Berufliche Tätigkeit: | BA-Student (Sportökonomie) – 40h/Woche im Fitnessstudio | |
| Aktuelle sportliche Tätigkeiten: | Krafttraining seit 01.01.2020 4x/Woche (2er Split - Kraftausdauer) | |
| Frühere sportliche Tätigkeiten: | Eishockey im Verein (2010-2017) | |
| Zeitlicher Verfügungsrahmen: | 4x/Woche | |
| Blutdruck: | 124/65mmHg | normal |
| Orthopädische Probleme: | Keine | Keine Einschränkung |
| Internistische Probleme: | Keine | Keine Einschränkung |
| Ärztliche Behandlungen: | Keine | Keine Einschränkung |
| Medikamenteneinnahme: | Keine | Keine Einschränkung |
| Sonstige gesundheitliche Einschränkungen: | Keine | Keine Einschränkung |

Tabelle 2: Blutdruckklassifikation der American Heart Association (modifiziert nach Mancia et al., 2013, S. 1286)

| Bewertungsstufen | Systolischer Blutdruck | Diastolischer Blutdruck |
|---|---|---|
| Normalblutdruck (Normotonie) | | |
| optimal | < 120 mmHg | < 80 mmHg |
| normal | < 130 mmHg | < 85 mmHg |
| hochnormal | 130 – 139 mmHg | 85 – 89 mmHg |
| Bluthochdruck (arterielle Hypertonie) | | |
| Stufe 1 | 140-159 mmHg | 90 – 99 mmHg |
| Stufe 2 | 160 -179 mmHg | 100 – 109 mmHg |
| Stufe 3 | > 180 mmHg | > 110 mmHg |

## 1.2 Krafttestung

### 1.2.1 Testauswahl und Begründung

Zur Bestimmung von submaximalen Trainingsintensitäten präferieren einige Experten (Marschall & Fröhlich, 1999, S. 311) die Wahl des Mehrwiederholungskrafttests (X-RM-Test). Dieses Testverfahren beabsichtigt, das maximal bewältigbare Gewicht für eine vorher bestimmte Wiederholungszahl zu ermitteln. Das heißt, dass bereits feststeht, mit welcher Wiederholungszahl im folgenden Mesozyklus, abhängig vom Trainingsziel (Kraftausdauer-, Hypertrophie-, Maximalkrafttraining), trainiert werden soll und nun das maximal konzentrisch bewältigbare Gewicht für diese Wiederholungszahl ermittelt wird (Strack & Eifler, 2005). Obwohl der Kunde bereits Erfahrungen im Krafttraining sammeln konnte und, anhand der Diagnosedaten, keine Einschränkungen der Trainierbarkeit vorliegen, liegt der allgemeine Fokus im Sport- und Gesundheitsbereich auf der Minimierung des Verletzungsrisikos. Der Mehrwiederholungskrafttest dient hier also als geeignet, da aufgrund der hohen Wiederholungszahl das Gewicht niedriger zu wählen ist und somit keine zu hohen Belastungen auf das passive Bewegungssystem wirken. Ebenfalls besteht durch den Mehrwiederholungskrafttest ein Bezug auf das später durchzuführende Training, da die Wiederholungszahl des Tests dem Mesozyklus entsprechend gewählt wird.

Im folgenden wird Bezug auf den durchgeführten 12-RM-Krafttest genommen.

### 1.2.2 Testablauf

Vor der Krafttestung wird ein allgemeines und spezielles Aufwärmen absolviert. Das allgemeine Aufwärmen besteht aus sieben bis acht Minuten auf dem Laufband und aus weiteren sieben Minuten zur Mobilisierung und Stabilisierung der später zu beanspruchenden Gelenke. Das spezielle Aufwärmen wird bei jeder Übung mit minimalem Gewicht ausgeführt, um die Gelenke und die Koordination des Kunden auf die Übungsausführung mit Zusatzgewicht vorzubereiten. Aufgrund der bereits gesammelten Trainingserfahrung des Kunden und der Trainererfahrung des Trainers, wird das Testgewicht des ersten Testsatzes jeder Übung vom Trainer subjektiv abgeschätzt. Im Laufe des Krafttestverfahrens wird sich dem X-RM sukzessive angenähert, nach dem Prinzip des „Versuch und Irrtum". Dieser Test beinhaltet maximal drei Testsätze, d.h. dass spätestens nach dem dritten Testsatz das Ergebnis vorliegt. Nach jedem Testsatz werden bei jeder Übung die Gewichte erhöht und 60 Sek. Pause gemacht.

### 1.2.3 Testergebnisse

Der Mehrwiederholungskrafttest wurde hierbei mit zwölf Wiederholungen durchge-führt, da im weiteren Verlaufe der Einsendeaufgabe der Mesozyklus mit dem Trainings-ziel Hypertrophietraining (extensiv) näher betrachtet wird und somit der 12-RM-Test hinführend auf das Trainingsziel steht. Tabelle 3 liefert die Ergebnisse aus dem Mehr-wiederholungskrafttest.

Tabelle 3: Krafttestung für Mesozyklus 2 nach dem 12-RM-Testverfahren

| Testübung | Wdh. | 1. Testsatz | 2. Testsatz | 3. Testsatz | Ergebnis |
|---|---|---|---|---|---|
| Langhantel - Kniebeuge | 12 | 40,0 kg | 60,0 kg | 70,0 kg | 70,0 kg |
| Langhantel - Kreuzheben | 12 | 60,0 kg | 80,0 kg | 100,0 kg | 100,0 kg |
| Langhantel - Schulterdrücken | 12 | 30,0 kg | 40,0 kg | 45,0 kg | 45,0 kg |
| Langhantel - Rudern, mittel-breiter Obergriff | 12 | 40,0 kg | 55,0 kg | 65,0 kg | 65,0 kg |
| Langhantel - Bankdrücken | 12 | 40,0 kg | 60,0 kg | 65,0 kg | 65,0 kg |
| Latziehen am Seilzug | 12 | 23,5 kg | 28,5 kg | 30,5 kg | 30,5 kg |
| Langhantel - Hip Thrusts | 12 | 70,0 kg | 100,0 kg | 130,0 kg | 130,0 kg |
| Kniestrecker am Gerät | 12 | 60,0 kg | 75,0 kg | 80,0 kg | 80,0 kg |
| Reverse Fly am Gerät | 12 | 31,5 kg | 49,5 kg | 58,5 kg | 58,5 kg |
| Butterfly am Gerät | 12 | 13,5 kg | 31,5 kg | - | 31,5 kg |

Die Reihenfolge der Übungen für den Mehrwiederholungskrafttest wurde aufgrund fol-gender Aspekte aufgestellt: Komplexität, koordinativer Anspruch und der Priorität von Muskelgruppen des Kunden.

### 1.2.4 Schlussfolgerung der Testergebnisse

Die Bestimmung des X-RM ist kein geeignetes Instrument zum interindividuellen Leis-tungsvergleichs. Das heißt, es besteht nicht die Möglichkeit des Norm- bzw. Referenz-wertvergleichs, da bei diesem Verfahren sehr viele Einflussfaktoren bzw. Störgrößen einwirken. Ebenso müssten für jedes einzelne Trainingsziel und jede Übung allgemein-gültige Norm- bzw. Referenzwerte erstellt werden. Dadurch ist ein interindividueller Leistungsvergleich beim X-RM unmöglich.

Die Bestimmung des X-RM kann als ein geeignetes Instrument zum intraindividuellen Leistungsvergleich dienen. Unter den Voraussetzungen der konsequenten und exakten Standardisierung der Methodik, Rahmenbedingungen und des Ablauf des Testes und der Kontrolle der Störgrößen auf das Testergebnis wird es möglich, die Leistungsentwicklung zu dokumentieren. Hierbei wird vor jedem Mesozyklus ein, Trainingsziel entsprechender, Mehrwiederholungskrafttest durchgeführt, nach dem der Kunde trainieren soll. Am Ende jedes Mesozyklus wird ein Re-Test durchgeführt, um die Leistungsentwicklung im Laufe des Mesozyklus zu dokumentieren. Dabei werden Rahmenbedingungen, wie der Tag, die Uhrzeit, berufliche und private Ausbelastung, immer identisch eingehalten.

In der Individuellen-Leistungsbild-Methode (kurz: ILB-Methode) dient der X-RM-Test als Referenzgröße für die Berechnung der Trainingsintensitäten (Eifler, 2013). Somit ist die Möglichkeit der Ableitung von Trainingsintensitäten gegeben.

# 2 Zielsetzung/Prognose

Tabelle 4: Zielsetzung

| Inhalt | Ausmaß | Zeit | Begründung |
|---|---|---|---|
| Muskelaufbau | + 2,0 kg | 4 Monate | Aus der Diagnose geht hervor, dass der Kunde ein ästhetisches Körperbild schaffen möchte. Sein Fokus liegt dabei zwar auf Rücken, Schultern und Beinen, jedoch müssen alle Muskelgruppen mit identischer Intensität trainiert werden, wodurch der allgemeine Muskelaufbau hier anvisiert wird. Da er bereits seit dem 01.01.2020 Krafttraining betreibt und sein Körper somit bereits gewissen Reizen ausgesetzt wurde, ist ein Zuwachs an Muskeln von 2,0 kg innerhalb 4 Monaten ein realistisches Ausmaß. |
| Fettabbau | - 2,0 kg | 2 Monate | Ebenfalls geht aus der Diagnose hervor, dass der Kunde seinen Körper definieren möchte. Dies möchte er ohne Audauertraining erreichen, denn sein Trainingsmotiv ist nicht eine hohe Reduzierung des Körperfetts, sondern nur die Schaffung eines ästhetischen Körperbildes. Durch Krafttraining wird der Grundumsatz erhöht, wodurch das Ausmaß von 2,0 kg innerhalb 2 Monaten als ein realistisches Ziel anzusehen ist. |
| Kraftsteigerung beim Bankdrücken | + 15 % 12-RM-Test | Mesozyklus 2 (7 Wochen) | Die Kraftsteigerung ist ein einhergehender Effekt des regelmäßigen Treibens von Krafttraining. Bei regelmäßigen Re-Tests können Progressionen der Kraftsteigerung festgehalten werden, auch wenn strukturelle Anpassungen der Skelettmuskulatur noch nicht oder nur im geringen Maße sichtbar sind. Dadurch könnte bereits im zweiten Mesozyklus ein Zwischenerfolg gefeiert werden und den Kunden dazu animieren, niemals aufzugeben. Die Kraftsteigerung um 15 % beim Bankdrücken stellt somit einen realistischen Wert dar, um den Kunden einerseits nicht zu überfordern oder sogar zu entmutigen und dennoch seine Ehrgeiz zu wecken. |

# 3    Trainingsplanung Makrozyklus

Der Trainingsplan wurde, äquivalent zu der vorher ausgewählten Methode des Krafttests, erarbeitet. Wie bereits erwähnt, dient der Mehrwiederholungskrafttest in der ILB-
Methode als Basis für die Berechnung der Trainingsintensitäten (Eifler, 2013) und somit
wurde der Trainingsplan der ILB-Methode passend aufgestellt. Diese wurde speziell für
den kommerziellen Fitness- und Gesundheitssport entwickelt (Strack & Eifler, 2005).
Da die Ziele des Kunden nicht auf Hochleistungssport hindeuten, sondern eher darauf,
dass der Kunde eine allgemeine Fitness erlangen möchte, befindet er sich im kommerziellen Fitness- und Gesundheitssport und dementsprechend wurde die ILB-Methode als
übergeordnete Krafttrainingsmethode ausgewählt. Ebenfalls herrscht bei der ILB-Methode ein verringertes Verletzungsrisiko, da nicht mit 100 prozentiger Intensität trainiert
wird. Dies steht im Fitness- und Gesundheitsbereich im Fokus. Der Kunde hat keine
Einschränkungen der Trainierbarkeit (siehe „Tabelle 1: Allgemeine und biometrische
Daten der Person"), wodurch keine Besonderheiten auf dem Gesundheitsstand des Kunden bestehen.

Die ILB-Methode gibt für jede unterschiedliche Leistungsstufe klar strukturierte und
verständliche Angaben, um den langfristigen Trainingsplan zu erstellen. Anhand der er-
hobenen Daten aus der Diagnose ist der Kunde in dem Grobraster der ILB-Methode der
Leistungsstufe „Fortgeschrittener" zuzuordnen. Er befindet sich bereits seit über einem
Jahr im Krafttraining und sein Trainingsplan für die nächsten sechs Monate wird der
Leistungsstufe entsprechend erstellt.

Tabelle 5: Grobraster zur Trainingsplanung nach der ILB-Methode (modifiziert nach Strack & Eifler,
2005, S.153)

| Leistungsstu-fe | Zeitstufe (Monate) | Organisati-onsform | Einheiten/Woche | Übungen/Muskel | Sätze/Übung | Intensität in % ILB |
|---|---|---|---|---|---|---|
| Orientie-rungsstufe | 0-1,5 | GK | 2 | 1-2 | 1-2 | gering |
| Beginner | 1,5-6 | GK | 2 | 1-2 | 1-2 | 50-70 |
| Geübter | 6-12 | GK | 2-3 | 1-2 | 2 | 60-80 |
| Fortgeschrit-tener | > 12 | GK / Split | 3-4 | 1-3 | 2-3 | 70-90 |
| Leistungs-trainierender | > 36 | GK / Split | 3-6 | 1 -4 | 2-4 | 80-100 |

Tabelle 6: Makrozyklus

| | Mesozyklus 1 | Mesozyklus 2 | Mesozyklus 3 | Mesozyklus 4 |
|---|---|---|---|---|
| Dauer: | 4 Wochen | 7 Wochen | 7 Wochen | 6 Wochen |
| Trainingsziel: | Übergangstraining | Hypertrophie (extensiv) | Hypertrophie (intensiv) | Maximalkrafttraining (extensiv) |
| Einheiten/Woche: | 4 | 4 | 4 | 4 |
| Organisationsform: | 2er-Split / Station | 2er-Split / Station | 2er-Split / Station | 2er-Split / Station |
| Übungen/Muskelgruppe: | 2 | 2 | 2 | 2 |
| Sätze/Übung: | 2-3 | 2-3 | 2-3 | 2-3 |
| Satzpausen: | - | 60 Sek. | 60 Sek. | 90 Sek. |
| Wiederholungen: | 15 | 12 | 8 | 6 |
| Intensität: | 70% - 85% ILB | 75% - 90% ILB | 75% - 90% ILB | 75% - 90% ILB |
| Bewegungstempo: | 2/0/2 | 2/0/2 | 2/0/2 | 2/0/2 |

Einheiten pro Woche:

Für jeden Mesozyklus in der Makrozyklus-Planung wurden vier Einheiten pro Woche ausgewählt. Aus dem Grobraster der ILB-Methode ist zu entnehmen, dass der Kunde drei bis vier Einheiten pro Woche absolvieren kann. Aus den erhobenen Daten der Diagnose geht hervor, dass der Kunde einen zeitlichen Verfügungsrahmen von vier Tagen pro Woche hat und der Kunde bereits auch vier mal die Woche Krafttraining betrieb. Da er dies bereits gewohnt ist, kann man direkt mit vier Einheiten pro Woche den kompletten Makrozyklus erstellen. Die Frage der optimalen Anzahl von Einheiten pro Woche stellten sich auch Fröhlich und Schmidtbleicher (2008). Sie untersuchten die Trainingseffekte bei Einheiten von ein bis sechs Mal in der Woche bei verschiedenen Leistungsstufen. Hierbei wurde die Steigerung der Maximalkraft getestet. Dabei konnten sie feststellen, dass vier Einheiten pro Woche einen leicht höheren Effekt erzielen konnten, als nur drei Einheiten pro Woche. Als die optimale Wahl der Methode erschien drei Einheiten pro Woche, da die Effizienz (Relation zwischen Trainingsaufwand und Trainingsnutzen) am höchsten war. Wenn man aber nun betrachtet, dass der Kunde bereits vier Einheiten in der Woche absolviert, eines seiner Trainingsmotive die Kraftsteigerung bei den Grundübungen ist und vier Einheiten pro Woche nach Fröhlich und Schmidtbleicher (2008) die meisten Effekte bringt, ist die Wahl von vier Einheiten pro Woche bei dem Kunden die optimale Wahl.

Übungen pro Muskelgruppe:

Für jeden Mesozyklus der Makrozyklus-Planung wurden zwei Übungen pro Muskelgruppe ausgewählt. Das Grobraster der ILB-Methode bietet die Möglichkeit ein bis drei Übungen pro Muskelgruppe in der Leistungsstufe des Kunden zu absolvieren. Die Wahl von zwei Übungen pro Muskelgruppe entspricht dem Mittelmaß und sorgt dafür, dass der Kunde jede Muskelgruppe möglichst ausgewogen berücksichtigt. Dies dient zur Vermeidung von Dysbalancen zwischen Muskelgruppen. Das Maximum von drei Übungen pro Muskelgruppe wurde nicht berücksichtigt, damit der Kunde den Körper nicht zu stark beansprucht.

Sätze pro Übung:

Für jeden Mesozyklus der Makrozyklus-Planung wurden zwei bis drei Sätze pro Übung ausgewählt. Diese Anzahl der Sätze pro Übung wurde dem Grobraster der ILB-Methode entnommen und ist aufgrunddessen, dass er keine gesundheitlichen Einschränkungen vorweist, ohne Bedenken anwendbar. Gießing und Preuss et al. (2005, S.16) definieren Mehrsatz-Training wie folgt: Mehrsatz-Training (Multiple-set Training – MST) bedeutet, dass zwei oder mehr Sätze pro Übung ausgeführt werden. Eine Überlegenheit des Mehrsatz-Training auf die Kraftentwicklung konnte in der Studie von Buskies und Boeckh-Berens (2009) nachgewiesen werden. Die Wahl eines Mehrsatz-Trainings ist damit begründet.

Intensität:

Für den ersten Mesoyzklus der Makrozyklus-Planung wurde die Intensität von 70% - 85% ausgewählt. Für die folgenden drei Mesozyklen wurde eine Intensität von 75% - 90% ausgesucht. Die Intensitätsauswahl wurde dem Grobraster der ILB-Methode entnommen, da der Kunde im Intensitätsbereich von 70% - 90% trainieren soll. Der erste Mesozyklus wurde in einem etwas niedrigerem Bereich ausgewählt, damit er im Übergangstraining nicht an das Maximum seiner Leistungsstufe gelangt. In den folgenden Mesozyklen wird von ihm das Maximum seiner Leistungsstufe abverlangt, da er sich an diese Belastungen langsam herantasten kann. Die Intensitäten werden je Mikrozyklus, spätestens jedoch nach zwei, um 5% gesteigert. Das bedeutet insofern, dass der Kunde gegen Ende jedes Mesozyklus sehr intensiv trainiert. Um nennenswerte Effekte beim Muskelaufbau (Hypertrophie) zu erreichen, müssen Trainingsintensitäten im Krafttraining mindestens 50% der individuellen Maximalkraft betragen (Güllich & Schmidtbleicher, 1999). Auch wenn bei dem Kunden kein Maximalkraft-Test durchgeführt wurde, kann man sehr wohl davon ausgehen, dass er bei Intensitäten zwischen 70% und 90% seines Mehrwiederholungskrafttests mit etwas mehr als 50% seiner Maximalkraft trainiert, vor Allem gegen Ende jedes Mesozyklus. Buskies (1999) konnte nachweisen, dass auch submaximale, eher sanfte Intensitäten im Krafttraining zu signifikanten Kraftsteigerungen und Veränderungen der Körperkompositionen führen. Der Kunde kann also, trotz submaximalen Intensitäten, an seine Trainingsziele gelangen.

Organisationsform:

Die Organisationsform wird ebenfalls dem Grobraster der ILB-Methode entnommen. Es besteht die Wahl zwischen Ganzkörper- oder Split-Training. Da der Kunde bereits in der Organisationsform des Split-Trainings trainiert, wird dies einfach beibehalten und über den ganzen Makrozyklus fortgeführt. Da er bereits seit über einem Jahr im Krafttraining aktiv ist und sehr motiviert an seine Trainingsziele herangeht, ist nicht davon auszugehen, dass ein Stations-Training ihn langweilen könnte. Vielmehr kann er sich hierbei über den erhöhten Fokus auf einzelne Muskelgruppen pro Satz freuen, da der Vorteil hier bei einer stärkeren Muskelermüdung liegt. Die erhöhte Muskelermüdung fördert die Hypertrophie der Muskulatur (Eifler & Berndt, 2017) und ist somit äquivalent zum Trainingsziel „Muskelaufbau" des Kunden. Dem Regenerationsverhalten verschiedener Muskelgruppen nach (Bishop, Jones & Woods, 2008) steht der 2er-Split gegenüber. Beim 2er-Split-Training, mit einer Oberkörpereinheit und einer Unterkörper-Einheit, besteht zwischen den identischen Einheiten genügend Zeit zur Regeneration der Muskelgruppen. Der Kunde wird dementsprechend nicht überbelastet. Dieser Aspekt ist von großer Bedeutung, da eine Überbelastung zu einer Reduktion der Leistungsfähigkeit führen kann.

Periodisierung:

Die Periodisierung der Makrozyklus-Planung wirft eine klassische (auch: lineare) bzw. Blockperiodisierung auf (Fröhlich, Müller, Schmidtbleicher & Emrich, 2009; Kraemer & Fleck, 2007). Die Anwendung der Blockperiodisierung auf diesen Kunden ist sinnvoll, da das Ziel der Blockperiodisierung die Maximierung der Kraftleistung ist und mit den Trainingsmotiven des Kunden einhergeht. Regressiv abnehmende Wiederholungszahl und zeitgleich progressiv ansteigende Intensitäten kennzeichnen die Blockperiodisierung. Diese Kennzeichen lassen sich in dem Trainingsplan für den Kunden wiederfinden. Die Heranführung des Kunden an höhere Intensitäten erfolgt hierdurch in einem angenehmen Tempo und minimiert sein Verletzungsrisiko. Der Kunde befindet sich vor dem Beginn des Trainingsplan in einem Kraftausdauer-Training und geht in das Übergangstraining über. Diese umfangsorientieren Trainingszyklen verbessern zuerst die Kraftausdauerleistung. Ab der 5.Woche des Makrozyklus befindet sich der Kunde in einem intensitätsorientierten Trainingsbereich. Dieser Bereich zielt auf eine Zunahme der Muskelmasse (Hypertrophie) und auf eine Steigerung der Kraft. Der Kunde verbringt also mehr als die Hälfte der Zeit des Makrozyklus im intensitätsorientierten Bereich und kann durch diese ideale Voraussetzung seine Ziele erreichen.

# 4 Trainingsplanung Mesozyklus

In dieser Aufgabe wird passend zur gewählten Methodik des Krafttests der zweite Mesozyklus der Trainingsplanung betrachtet. Es wurde ein Mehrwiederholungskrafttest mit zwölf Wiederholungen durchgeführt, dieser ist zielführend auf das übergeordnete Trainingsziel der Hypertrophie (extensiv), welcher sich im zweiten Mesozyklus wiederfindet.

Tabelle 7: Mesozyklus Übersicht

| Mesozyklus: | 2 | Trainingsziel: | Hypertrophie (extensiv) |
|---|---|---|---|
| Einheiten/Woche: | 4 | Organisationsform: | 2er-Split / Station |
| Übungen/Muskelgruppe: | 1-2 | Sätze/Übung: | 2-3 |
| Bewegungstempo: | 2/0/2 | Satzpausen: | 60 Sek. |

Tabelle 8: Mesozyklus Übungen (Unterkörper-Split)

| Übungen | Wdh. | Intensität Woche 1 | Intensität Woche 2 | Intensität Woche 3 | Intensität Woche 4 | Intensität Woche 5 | Intensität Woche 6 | Intensität Woche 7 |
|---|---|---|---|---|---|---|---|---|
| Langhantel - Kniebeuge | 12 | 75 % ILB | 80 % ILB | 80 % ILB | 85 % ILB | 85 % ILB | 90 % ILB | 90 % ILB |
| Langhantel - Kreuzheben | 12 | 75 % ILB | 80 % ILB | 80 % ILB | 85 % ILB | 85 % ILB | 90 % ILB | 90 % ILB |
| Langhantel - Hip Thrusts | 12 | 75 % ILB | 80 % ILB | 80 % ILB | 85 % ILB | 85 % ILB | 90 % ILB | 90 % ILB |
| Kniestrecker am Gerät | 12 | 75 % ILB | 80 % ILB | 80 % ILB | 85 % ILB | 85 % ILB | 90 % ILB | 90 % ILB |

Tabelle 9: Mesozyklus Übungen (Oberkörper-Split)

| Übungen | Wdh. | Intensität Woche 1 | Intensität Woche 2 | Intensität Woche 3 | Intensität Woche 4 | Intensität Woche 5 | Intensität Woche 6 | Intensität Woche 7 |
|---|---|---|---|---|---|---|---|---|
| Langhantel - Schulterdrücken | 12 | 75 % ILB | 80 % ILB | 80 % ILB | 85 % ILB | 85 % ILB | 90 % ILB | 90 % ILB |
| Langhantel - Rudern mittelbreiter Obergriff | 12 | 75 % ILB | 80 % ILB | 80 % ILB | 85 % ILB | 85 % ILB | 90 % ILB | 90 % ILB |
| Langhantel - Bankdrücken | 12 | 75 % ILB | 80 % ILB | 80 % ILB | 85 % ILB | 85 % ILB | 90 % ILB | 90 % ILB |
| Latziehen am Kabelzug | 12 | 75 % ILB | 80 % ILB | 80 % ILB | 85 % ILB | 85 % ILB | 90 % ILB | 90 % ILB |
| Reverse Fly am Gerät | 12 | 75 % ILB | 80 % ILB | 80 % ILB | 85 % ILB | 85 % ILB | 90 % ILB | 90 % ILB |
| Butterfly am Gerät | 12 | 75 % ILB | 80 % ILB | 80 % ILB | 85 % ILB | 85 % ILB | 90 % ILB | 90 % ILB |

Aufgrund der Wahl eines 2er-Split-Trainings wurden hier zwei Tabellen erstellt, um die zwei verschiedenen Trainingseinheiten voneinander abzutrennen.

Der Kunde ist bereits seit über einem Jahr im Krafttraining aktiv und hat bereits Erfahrungen gesammelt. Eines seiner Trainingsmotive ist die Kraftsteigerung bei Grundübungen, deswegen wurde der Trainingsplan des Mesozyklus mit Fokus auf Grundübungen, also mehrgelenkige Übungen mit freien Gewichten, aufgestellt. Das Krafttraining mit freien Gewichten bringt viele Vorteile mit sich. Übungen mit freien Gewichten schulen und verbessern die Autostabilisation des Kunden. Die Kombination aus mehrgenkigen Übungen mit Übungen mit freien Gewichten fördert die Schulung und Verbesserung der intermuskulären Koordination und kommt alltags- und berufsspezifischen Bewegungen sehr nahe. Bei mehrgelenkigen Übungen arbeiten synergistisch wirksame Muskelgruppen zusammen, was auch als Kokontraktionen bezeichnet wird. Dies sorgt für eine physiologische Gelenkmechanik und eine erhöhte Gelenksicherung, wodurch das Verletzungsrisiko gesenkt ist. Ebenfalls besteht der Vorteil darin, dass mehr Muskelmasse gleichzeitig arbeitet und dadurch der metabolische Effekt höher als bei geführten Maschinen ist (Haff, 2000). Der Vergleich von Training mit freien Gewichten und Training mit geführten Maschinen im Hinblick auf die Kraftsteigerung zeigt, dass das Training mit freien Gewichten eine höhere Steigerung der Kraftfähigkeit bewirkt (Stone, Collins, Plisk, Haff & Stone, 2000). Dieser Vorteil kommt dem Kunden zugute, da sein Ziel auch die Kraftsteigerung ist. Die Nachteile von Übungen mit freien Gewichten und mehrgelenkigen Übungen können hierbei außer Acht gelassen werden, da diese eher Trainingsbeginner betreffen, der Kunde jedoch schon länger als ein Jahr lang trainiert und dementsprechend als Fortgeschrittener zählt.

Unterkörper-Split:

Zu Beginn der Einheit des Unterkörper-Splits steht die Übung „Langhantel-Kniebeuge". Primär beteiligte Muskeln sind der M. quadriceps femoris, der M. tensor fasciae latae, der M. gluteus maximus, der M. biceps femoris, caput longum, der M. semitendinosus und der M. semimembranosus. Im Alltag sind wir oft der Bewegung „In-die-Knie-gehen" ausgesetzt. Die Übung „Langhantel-Kniebeuge" ist identisch zu dieser Alltagsbewegung und stärkt die beanspruchte Muskulatur, um diese Alltagsbewegung problemlos zu bewältigen. Das Zusammenspiel von allen einwirkenden Muskeln wird hier ideal gefördert und kommt der Alltagsbelastung sehr nahe (Rippetoe, 2015).

Zunächst steht das „Langhantel-Kreuzheben" an der Tagesordnung. Primär werden hier die Mm. erector spinae, der M. gluteus maximus, der M. biceps femoris, caput longum, der M. semitendinosus und der M. sembranosus trainiert. Auch hier besteht der Bezug zum Alltag, denn das richtige Aufheben, von besonders schweren Gegenständen, muss gelernt sein. Bei der richtigen Ausführung von Kreuzheben ist vor Allem auf einen geraden Rücken zu achten. Wird dies bereits im Krafttraining gemacht, so fällt das Aufheben von schweren Gegenständen im Alltag leichter und lässt das Verletzungsrisiko auf dem größtmöglichen Minimum. Auch hier wird Bezug auf Rippetoe (2015) genommen. Der Körper ist ein Gesamtkonstrukt und funktioniert nur gemeinsam und genauso möchte er auch trainiert werden. Durch die vielen gemeinsam agierenden Muskeln wird dies bei der Übung „Langhantel-Kreuzheben" gewährleistet.

Als nächstes wird die Übung „Langhantel-Hip Thrusts" im Trainingsplan festgehalten. Diese Übung trainiert primär den M. gluteus maximus, den M. biceps femoris, caput longum, den M. semitendinosus und M. semimembranosus. Das regelmäßige Training der Rumpfmuskulatur bewirkt eine erhöhte Autostabilisation. Langhantel-Übungen wie Kniebeugen, Kreuzheben und Hip-Thrusts bewirken eine ideale Aktivierung und Stärkung dieser Muskulatur (Neto, Soares, Vieira, Aguiar, Chola, Sampaio & Gama, 2020). Obwohl der Kunde eine 40h Arbeitswoche hat, sitzt er nach bzw. vor der Arbeit, je nach Schicht, viel am Schreibtisch, da er ein duales Studium absolviert. Die primär betrachtete Streckung der Hüfte wirkt der sitzenden Tätigkeit außerhalb der Arbeit entgegen, da die Hüfte am Schreibtisch immer gebeugt ist.

Als letzte Übung des Unterkörper-Splits steht das „Kniestrecken am Gerät". Der M. quadriceps femoris und der M. tensor fasciae latae. Da bei den voherigen Übungen primär die Ischiocrurale Muskulatur trainiert wurde, außer bei „Langhantel-Kniebeuge", gilt es nun einen Ausgleich zu schaffen, um jede Muskelgruppe möglichst ausgewogen zu trainieren. Dies verhindert die Entstehung von Dysbalancen und kann am Ende zusätzlich ausgeführt werden, da eingelenkige Übungen an geführten Geräten keine zu hohe intermuskukuläre Koordination erfordern.

Oberkörper-Split:

Da der Fokus des Kunden beim Aufbau breiter Schultern liegt, startet der Oberkörper-Split mit „Langhantel-Schulterdrücken", da am Anfang des Trainings noch die höchste koordinative Leistungsfähigkeit besteht und somit der Fokus auf den Schultern liegt. Primär werden hierbei der M. deltoideus, pars acromialis, pars clavicularis, pars spinata, der M. supraspinatus, der M. triceps brachii und der M. anconeus trainiert. Das Schultergelenk wird primär über Muskeln gesichert, das heißt, je stärker die Muskulatur des Schultergelenk, desto weniger Zugkräften ist das Schultergelenk beim Anheben von Gegenständen ausgesetzt. Somit wird die alltägliche Bewältigung von Anheben von Gegenständen leichter zu bewältigen.

Als nächstes steht „Langhantel-Rudern mit mittelbreitem Obergriff" auf dem Trainingsplan. Der M. trapezius, pars transversa, die Mm. rhomboidei, der M. latissimus dorsi, der M. teres major, der M. deltoideus, pars spinata, der M. biceps brachii, der M. brachialis und der M. brachioradialis gelten hierbei als primär beanspruchte Muskulatur. Auch hier wird auf eine alltägliche Bewegungen Acht genommen. Das Anheben von Gegenständen erfordert eine starke Rückenmuskulatur, um die Gegenstände auch an sich heranziehen zu können. Da diese Übung ein hohes Maß an Autostabilisation und Koordination erfordert und auch eines der Trainingsmotive des Kunden erfüllt, wird diese Übung relativ zeitnah zu Beginn des Trainings festgelegt.

Bei der nächsten Übung „Langhantel-Bankdrücken" werden primär folgende Muskeln beansprucht: der M. pectoralis major, der M. deltoides, pars clavicularis, der M. triceps brachii und der M. anconeus. Um alle Muskelgruppen, vorallem Agonist und Antagonist, ausgewogen zu trainieren, wird diese Übung direkt nach dem „Langhantel-Rudern" ausgeführt. Dadurch entsteht ein Gegenspiel zur vorherigen Übung und verhindert die Entwicklung von Dysbalancen beim Kunden.

„Latziehen am Kabelzug" dient als weitere Übung zur Stärkung der Rückenmuskulatur und beansprucht den M. latissimus dorsi, den M. teres major, den M. deltoideus, pars spinata, den M. biceps brachii, den M. brachialis und den M. brachioradialis primär. Aufgrund des identischen Übungsverlauf des Latziehen am Kabelzug und der Klimmzüge, soll das Latziehen am Kabelzug dafür dienen, dass der Kunde im Laufe des Krafttrainings erlernt, Klimmzüge zu machen. Diese sollen dann im weiteren Verlaufe seines Makrozyklus in den Trainingsplan eingebaut werden.

Gegen Ende des Oberkörper-Splits geht es nun an eingelenkige Übungen. Dies beginnt mit „Reverse Fly am Gerät". Primär werden hierbei der M. deltoideus, pars spinata und der M. trapezius, pars transversa trainiert. Durch die synergistische Wirkungen des M. deltoides, pars calvicularis beim Bankdrücken wurde der vordere Anteil des Schultermuskel öfter trainiert, als der hintere Anteil. Durch diese Übung wird einer Dysbalance der Schultermuskulatur vorgebeugt.

Als letzte Übung des Mesozyklus steht „Butterfly am Gerät". Bei der richtigen Ausführung beansprucht diese Übung den M. pectoralis major primär. Auch hier ging es darum, eine eingelenkige Übung in den Plan einzubauen, um zwei Übungen pro Muskelgruppe zu verwirklichen, dadurch alle Muskelgruppen ausgewogen zu trainieren und eine runde Form der Schultermuskulatur zu realisieren.

# 5   Literaturrecherche

Tabelle 10: Effekte des Krafttrainings bei Rückenschmerzen – Studie 1

| Wer hat die Studie durchgeführt? | Stephan, A.; Goebel, S.; Schmidtbleicher, D. |
|---|---|
| Publikationsjahr | 2011 |
| Forschungsfrage | Welche Wirkung hat apparatives Krafttraining auf Personen mit Rückenschmerzen im vorwiegend frühen Chronifizierungsstadium? |
| Versuchspersonen | 74 Personen mit Rückenschmerzen seit mindestens 12 Wochen oder mindestens zwei rezidivierende Schmerzschübe pro Jahr seit mindestens zwei Jahren |
| Versuchsaufbau | Die Studie wurde über eine Dauer von sechs Monaten durchgeführt. Zu Beginn der Studie wurde eine Schmerz- und Beeinträchtigungsmessung durchgeführt, welche nach drei und sechs Monaten wiederholt wurde, um Kontrollergebnisse zu erlangen. Zur Messung wurden folgende Skalen eingesetzt: Pain Severity (PS), Effects |

| | |
|---|---|
| | of Pain (EP), eine nummerische Ratingskala zur mittleren Schmerzintensität und der Oswestry Disability Index (ODI). Effekte werden durch Effektgrößen d und korrigierten Effektgrößen $d_{korr}$ beschrieben. 58 Personen der Versuchspersonen absolvierten über die sechs Monate ein progressives Hypertrophietraining mit variablem Widerstand. Die ersten drei Trainingseinheiten fanden unter Einweisung durch qualifiziertes Personal statt. Der Trainingsplan enthält Übungen für alle großen Muskelgruppen. Die anderen 16 Personen dienten als Warteliste-Kontrollgruppe und erhielten während der sechs Monate keine Trainingsmaßnahmen. |
| Ergebnisse | Der Vergleich der Messungen anhand der vorher genannten Skalen brachte folgende Ergebnisse hervor: Die mittlere Schmerzstärke wies bei der Trainingsgruppe eine Reduktion von 38% und bei der Kontrollgruppe eine Reduktion von 26% nach. Dies bedeutet einen Nettoeffekt von $d_{korr}$ von -0,34 zugunsten des Krafttrainings. Nach sechs Monaten ist eine Beeinträchtigungsreduktion überwiegend in der Trainingsgruppe zu beobachten (EP: $d_{korr}$=0,13; ODI: $d_{korr}$=-0,46) |
| Schlussfolgerungen | Die Ergebnisse der Messungen ergeben, dass Krafttraining zu einer relevanten Schmerz- und Beeinträchtigungsreduktion führt. Demnach ist selbstständiges Hypertrophietraining, welches Fokus auf alle großen Muskelgruppen legt und sechsmal im Monat absolviert wird, geeignet für Personen mit chronischen Rückenschmerzen im Anfangsstadium. |

Tabelle 11: Effekte des Krafttrainings bei Rückenschmerzen – Studie 2

| | |
|---|---|
| Wer hat die Studie durchgeführt? | Freiwald, J.; Baumgart, C.; Hoppe, M.W.; Engelhardt, M. |
| Publikationsjahr | 2012 |
| Forschungsfrage | Welche Effekte hat gerätegestütztes Krafttraining auf Alltagsaktivitäten, Beweglichkeits- und Drehmomentwerte bei chronischen Rückenschmerzpatienten? |
| Versuchspersonen | 565 Personen; 465 durchliefen die Studie komplett |
| Versuchsaufbau | Die Studie wurde über eine Dauer von zwölf Monaten durchgeführt. Es wurden dabei drei Tests (Eingangs-, Zwischen- und Abschlussanalyse) gemacht. Ebenfalls absolvierten die Versuchspersonen drei Therapiephasen mit insgesamt 39 Test- und Therapieeinheiten. Das Training gestaltete sich wie folgt: Einsatztraining mit zehn bis 30% der individuellen Maximalkraft und 20-25 Wiederholungen. Um die Alltagsaktivitäten zu überwachen, wurde der Oswestry Low Back Pain Questionnaire Score (ODI) in Verwendung gebracht. Um weitere verlässliche Kontrolldaten zu erhalten, wurden die Beweglichkeit der Brust- und Lendenwirbelsäule und die Drehmomentwerte der Rumpfmuskulatur erhoben. |
| Ergebnisse | Gerätegestütztes Krafttraining führt bei chronischen Rückenschmerzpatienten zur Verbesserung der Aktivität im Alltag. Die Verbesserungen im ODI können jedoch nur teilweise durch die Zunahme von Kraft und Beweglichkeit erklärt werden. |
| Schlussfolgerungen | Patienten mit chronischen Rückenbeschwerden sollten regelmäßig gerätegestütztes Krafttraining durchführen. Weitere bedeutende Faktoren sollten jedoch noch erforscht werden. |

# 6 Literaturverzeichnis

Bishop, P. A., Jones, E. & Woods, A. K. (2008). Recovery from training: a brief review: brief review. *Journal of Strength and Conditioning Research, 22*(3), 1015–1024.

Buskies, W. [W.]. (1999). Sanftes Krafttraining nach dem subjektiven Belastungsempfinden versus Training bis zur muskulären Ausbelastung. *Deutsche Zeitschrift für Sportmedizin, 50*(10), 316–320.

Buskies, W. [Wolfgang] & Boeckh-Behrens, W.-U. (2009). *Fitness-Gesundheits-Training. Die besten Übungen und Programme für das ganze Leben* (rororo Sport, Bd. 61084, 3. Auflage). Reinbek bei Hamburg: Rowohlt Taschenbuch Verlag.

Eifler, C. [C.] & Berndt, P. (2017). Effektivität und Effizienz von Krafttrainingsmethoden - HIT versus HVT im fitnessorientierten Krafttraining. *fitness MANAGEMENT international*, (6), 46–47.

Eifler, C. [Christoph]. (2013). *Empirische Überprüfung der Effekte verschiedener Ansätze zur Intensitätssteuerung im fitnessorientierten Krafttraining.* Dissertation. Universität Des Saarlandes, Saarbrücken.

Freiwald, J., Baumgart, C., Hoppe, M. W. & Engelhardt, M. (2012). Gerätegestütztes Krafttraining bei chronischem Rückenschmerz. *Arthritis und Rheuma, 32*(02), 95–103.

Fröhlich, M. [M.], Müller, T., Schmidtbleicher, D. & Emrich, E. (2009). Outcome-Effekte verschiedener Periodisierungsmodelle im Krafttraining. *Deutsche Zeitschrift für Sportmedizin, 60*(10), 307–314.

Fröhlich, M. [M.] & Schmidtbleicher, D. (2008). Trainingshäufigkeit im Krafttraining - ein metaanalytischer Zugang. *Deutsche Zeitschrift für Sportmedizin, 59*(2), 4–12.

Gießing, J. [J.], Preuss, P. [P.], Greiwing, A., Goebel, S., Müller, A., Schischek, A. et al. (2005). *Fundamental definitions of decisive training parameters of single-set training and multiple-set training for muscle hypertrophy* (1 Aufl.) (Gießing, J., Fröhlich, M. & Preuss, P., Hrsg.) (Current Results of Strength Training Research. An empirical and theoretical approach). Göttingen: Cuvillier.

Gießing, J. [Jürgen], Fröhlich, M. [Michael] & Preuss, P. [Peter]. (2005). *Current Results of Strength Training Research. An empirical and theoretical Approach* (Current Results of Strength Training Research, v.1, 1st ed.). Göttingen: Cuvillier Verlag.

Güllich, A. & Schmidtbleicher, D. (1999). Struktur der Kraftfähigkeiten und ihrer

Trainingsmethoden. *Deutsche Zeitschrift für Sportmedizin, 50*(7/8), 223–234.

Haff, G. G. (2000). Roundtable discussion: machines versus free weights. *Strength and Conditioning Journal, 22*(6), 18–30.

Kraemer, W. J. & Fleck, S. J. (2007). *Optimizing strength training. Designing nonlinear periodization workouts.* Champaign, IL: Human Kinetics.

Mancia, G., Fagard, R., Narkiewicz, K., Redón, J., Zanchetti, A., Böhm, M. et al. (2013). 2013 ESH/ESC Guidelines for the management of arterial hypertension: the Task Force for the management of arterial hypertension of the European Society of Hypertension (ESH) and of the European Society of Cardiology (ESC). *Journal of Hypertension, 31*(7), 1281–1357.

Marschall, F. & Fröhlich, M. [M.]. (1999). Überprüfung des Zusammenhangs von Maximalkraft und maximaler Wiederholungszahl bei deduzierten submaximalen Intensitäten. *Deutsche Zeitschrift für Sportmedizin, 50*(10), 311–315.

Neto, W. K., Soares, E. G., Vieira, T. L., Aguiar, R., Chola, T. A., Sampaio, V. d. L. et al. (2020). Gluteus Maximus Activation during Common Strength and Hypertrophy Exercises: A Systematic Review. *Journal of Sports Science & Medicine, 19*(1), 195–203.

Rippetoe, M. (2015). *Starting strength. Einführung ins Langhanteltraining* (3. Auflage). München: riva.

Stephan, A., Goebel, S. & Schmidtbleicher, D. (2011). Effekte maschinengestützten Krafttrainings in der Behandlung chronischen Rückenschmerzes. *Deutsche Zeitschrift für Sportmedizin, 62*(3), 69–74.

Stone, M. H., Collins, D., Plisk, S., Haff, G. G. & Stone, M. E. (2000). Training principles: evaluation of modes and methods of resistance training. *Strength and Conditioning Journal, 22*(3), 65–76.

Strack, A. & Eifler, C. [C.]. (2005). *The individual lifting performance method (ILP) - a prac-tical method for fitness- and recreational strength training* (Gießing, J., Fröhlich, M. & Preuss, P., Hrsg.) (Current Results of Strength Training Research. An empirical and theoretical approach). Göttingen: Cuvillier.

# 7 Abbildungs- und Tabellenverzeichnis

## 7.1 Abbildungsverzeichnis

## 7.2 Tabellenverzeichnis